Este libro le pertenece a:

_ _ _ _ _ _ _ _ _ _ _ _ _ _ _

Este libro está dedicado a los padres, educadores y consejeros del mundo entero. Tenemos el trabajo más importante en el mundo para nutrir a la próxima generación.

Ninja **Life** **Hacks**™

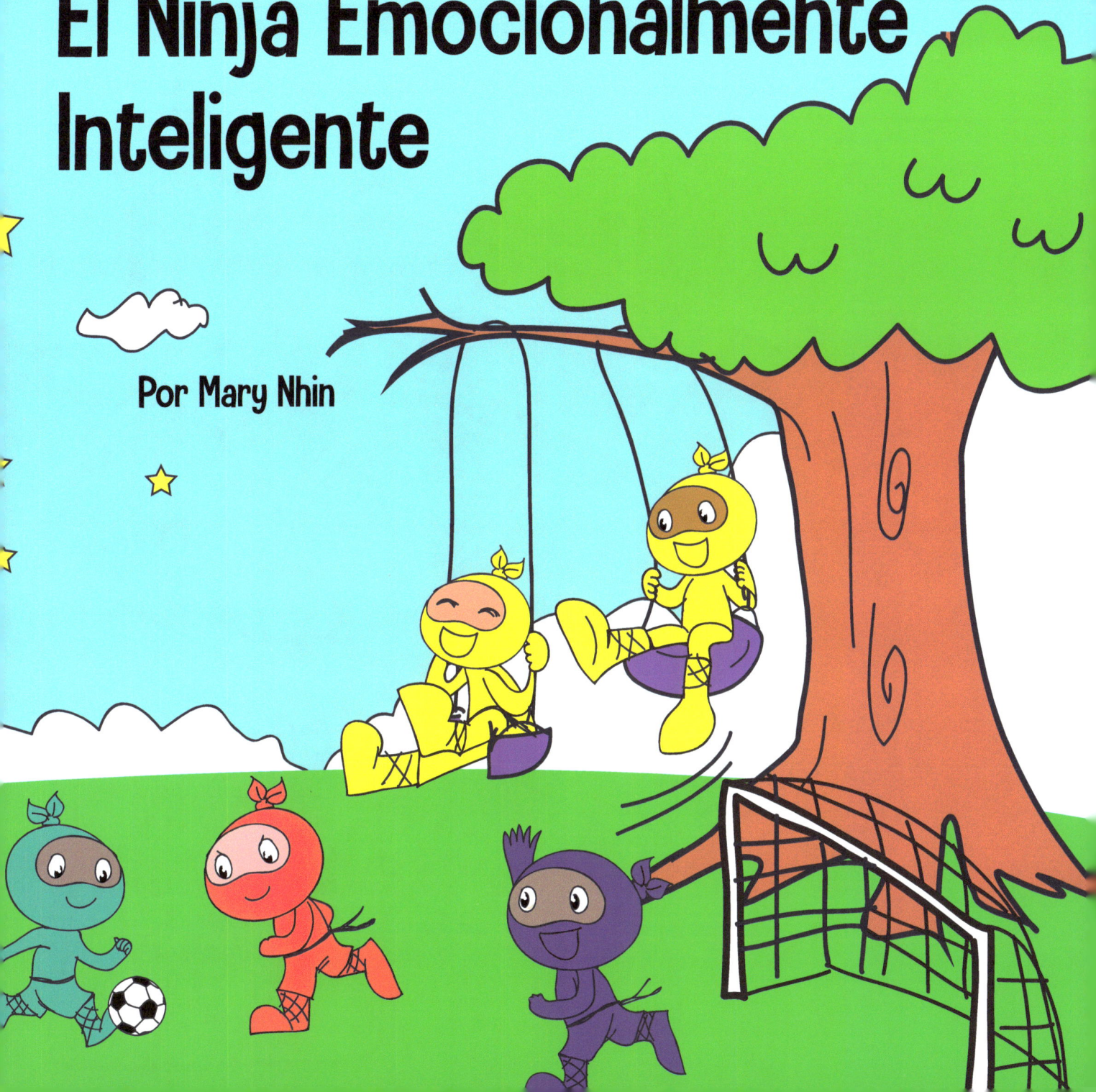

El Ninja Emocionalmente Inteligente

Por Mary Nhin

Utilizo mi inteligencia emocional para ayudarme a encontrar una manera hacia el éxito en lo que estoy haciendo.

éxito

La inteligencia emocional es la capacidad de ser inteligente acerca de las emociones. La inteligencia emocional a menudo se llama EQ.

Soy capaz de nombrar, aceptar, gestionar y expresar mis emociones en lugar de permitir que me controlen. Por ejemplo, si me frustra mi tarea, yo diría...

¡Estoy tan frustrado, pero voy a resolver esto!

Cuando mi amigo canceló nuestros planes para compartir, llamé a otro amigo, al Ninja Trabajador...

Cuando vi que el Ninja Solitario estaba triste, le pregunté...

No siempre he sido emocionalmente inteligente.

Antes, realmente podía frustrarme no solo con mis emociones, sino también con las emociones de otras personas.

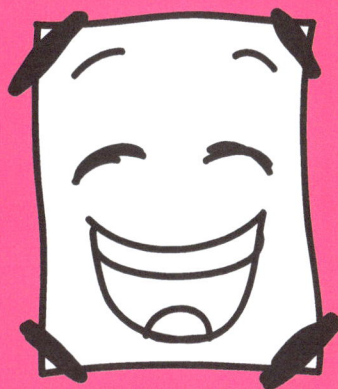

Cuando me impacientaba con mi hermano, le ladraba órdenes.

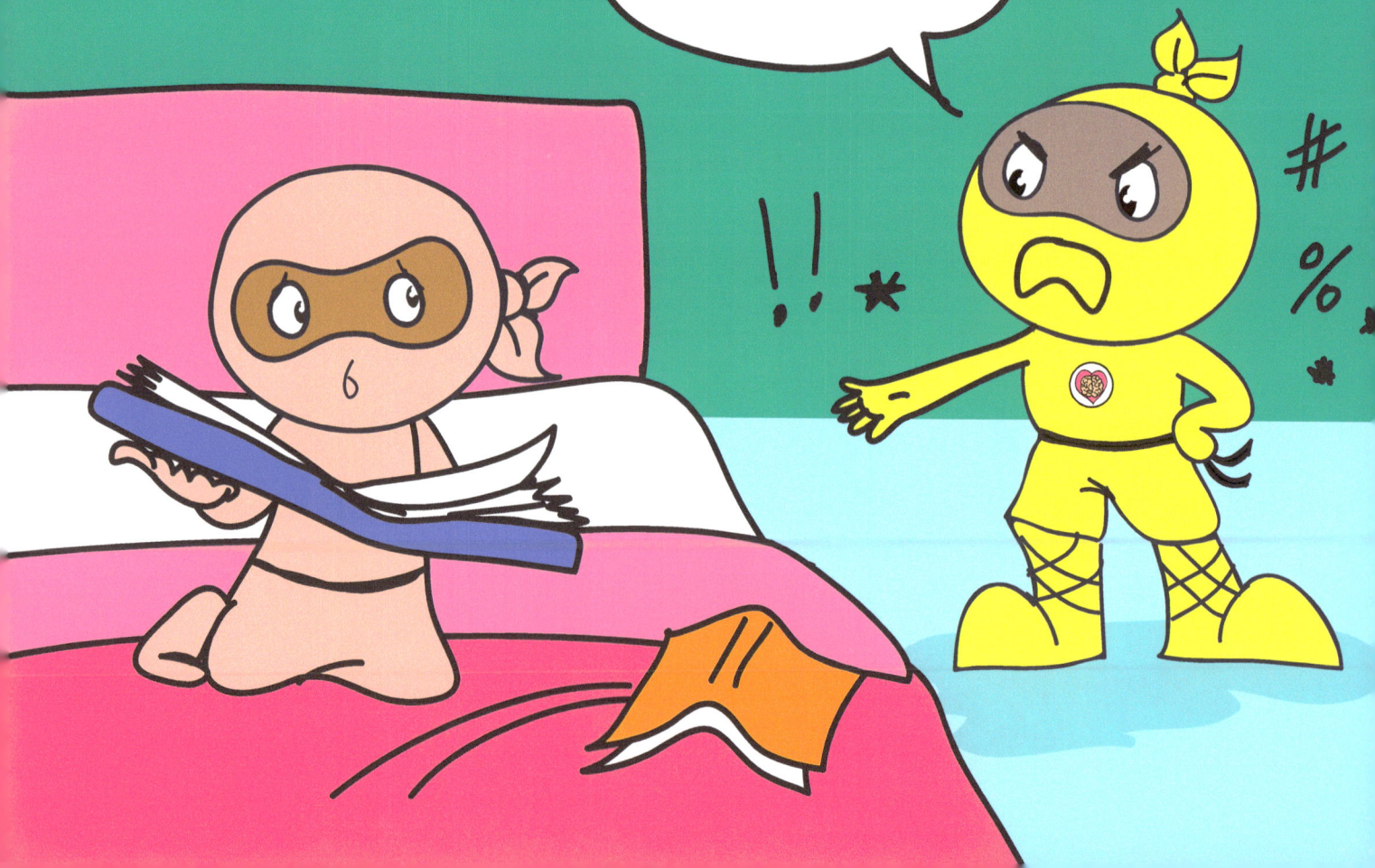

Durante la escuela, si no invitaban a alguien a una fiesta, podría ser bastante insensible...

Evento
Invitación

Cuando tenía problemas para leer algunas palabras difíciles, me frustraba y me rendía.

¡Arrr!

Según el destino, cambié cuando El Zen Ninja me presentó un ejercicio que cambiaría mi vida para siempre.

Hay algo que uso llamado:

El juego de las emociones N.A.M.E

N A **M** E

Nombra tus emociones
Acepta tus emociones
Maneja tus emociones
Expresa tus emociones

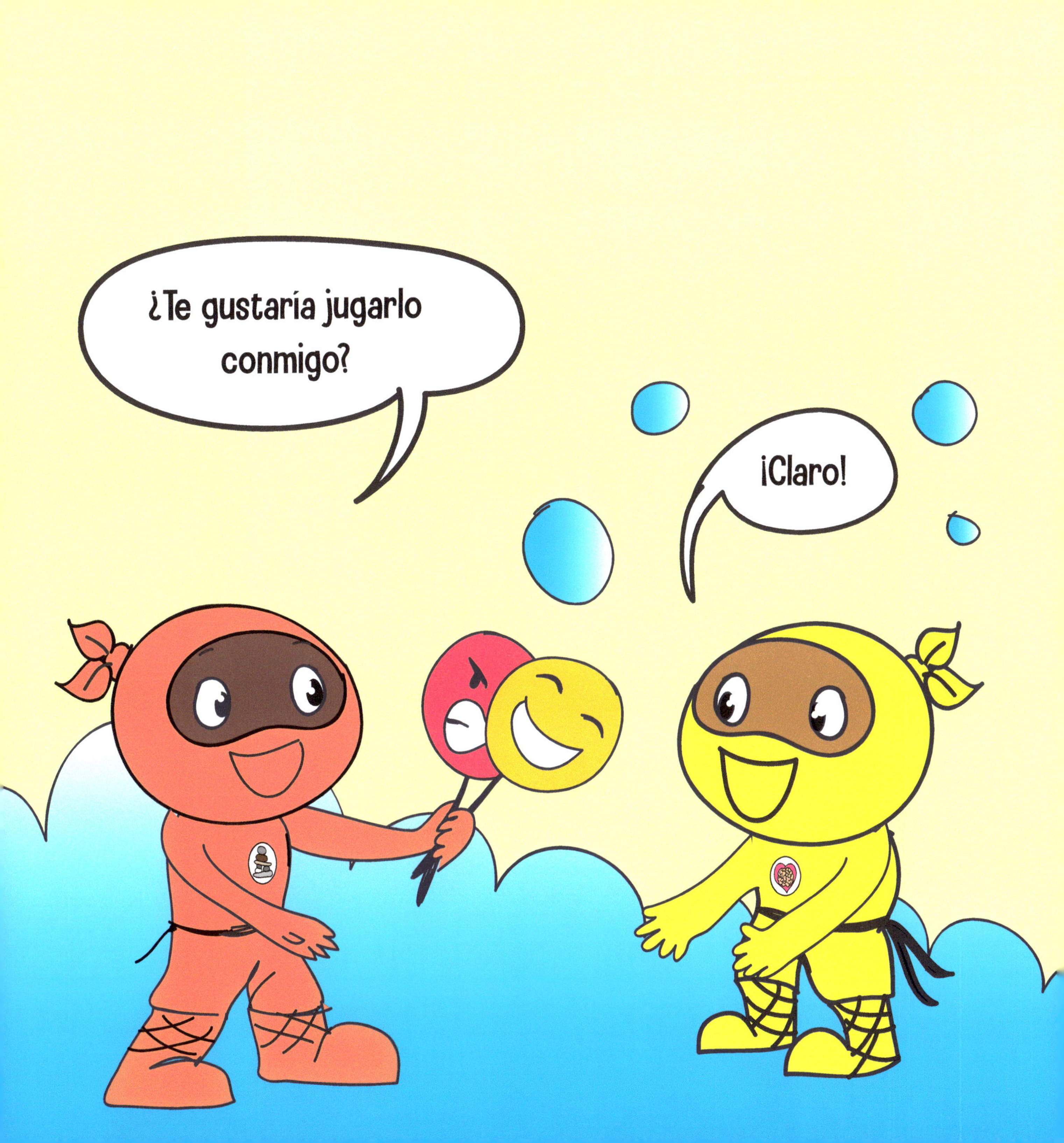
¿Te gustaría jugarlo conmigo?
¡Claro!

Nombrar tus emociones y las de los demás es más fácil cuando aprendemos todos los diferentes tipos de emociones que podemos sentir. Para ello, podemos utilizar un: MEDIDOR DE HUMOR.

¿Qué es un medidor de humor?

MEDIDOR DE HUMOR

El Ninja Gruñón	El Ninja Solitario	El Ninja Positivo	El Ninja Humilde
El Ninja Enojado	El Ninja Triste	El Ninja Valiente	El Ninja Paciente
El Ninja Ansioso	El Ninja Estresado	El Ninja Comprensivo	El Ninja Calmado
El Ninja Nervioso	El Ninja Preocupado	El Ninja Audaz	El Ninja Agradecido

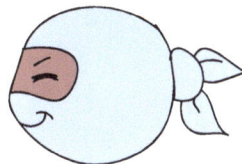

Cuando me siento frustrado, puedo tirar este papel en el suelo y gritarles a mis amigos. Pueden sentirse heridos. Una mejor opción podría ser _____.

Cuando me siento triste, puedo tocar música o crear arte. Cuando me siento positivo. Puedo hacerle un cumplido a alguien.

triste

extático

feliz

enamorado

avergonzado

deprimido

sorprendido

decepcionado

tranquilo

esperanzado

gruñón

enojado

olvidadizo

preocupado

sorprendido

intenso

desenchufado

frustrado

tímido

emocionado

cansado

Usar el juego de la Emoción N. A. M. E. podría ser tu arma secreta para volverte emocionalmente inteligente.

¡Visita ninjalifehacks.tv para obtener imprimibles divertidos gratis!

@marynhin   @GrowGrit
#NinjaLifeHacks

Mary Nhin   Ninja Life Hacks

Ninja Life Hacks

@ninjalifehacks.tv

www.ingramcontent.com/pod-product-compliance
Lightning Source LLC
Chambersburg PA
CBHW042023090426

42811CB00016B/1721